DR 2007
LYRIK

Einmal für immer

Friedhelm Kemp zum 90. Geburtstag
11. Dezember 2004

Bayerische Akademie der Schönen Künste
Josua Reichert
Oreos Verlag

Friedhelm Kemp

Einmal für immer

Gedichte

Mit vierzehn Typographien
von Josua Reichert

Oreos Verlag

Sequenz

Das Nichtsein schreckt uns nicht.
Der Abschied schmerzt,
Davongehn, Nicht-mehr-dabei-sein.
Sonst: was gewesen, ist.

Man liest es in Gesichtern: hier, berührbar.
Nichts anderes.

I

Das Nichtsein schreckt. Mit Mund und Armen
wirft einer, wie aus dem Fenster,
sich an den Andern, glüht und hat
nachtlang genug an diesem Glühn

ins Offene. Auch die Verweigerung trägt,
trägt taghindurch, auf Wegen
unter Bäumen hin, und Strahlen sind
und Tau statt eines Kusses frisch.

2

schreckt uns nicht. Und bleibt doch
der einzige, der ganze Schrecken, gegen den
das Herz sich auflehnt
in Bildern (ihnen nachzuschaun),

in Worten, Zeichen, die statt unsrer,
als hielte schwebend ein Sinn sie
wie Hunger, sorglos hungrig sind.

3

Der Abschied schmerzt, Fallend aus, Trost-los
fallend aus, Tod-geboren,
ein Rotes, unkenntlich, ein Abbruch
aller Liebe zuvor ...

Ein Hintergrund aus wehem Scheiden nicht,
nein, das klafft ganz hinab, gähnt, schließt
sich nicht, fällt unaufhörlich, Trost-los, aus sich selbst
hinaus – auf anderes nicht setzt Leben den Fuß.

4

schmerzt. Jedes Grab ist leer. Und soll ich sagen
(wer will es wissen?), daß das unauszählbar Angetane
zeithin, von Menschen, Göttern, Gott,
sich häuft? – Sich häuft. Wen denn

von diesen, nachher, schmerzt
es noch? Und uns? *Das* ist zum Weinen.

5

Davongehn – unergriffen
geht, was mit Augen das Mark dir austrieb,
hin, und bleibt verspielt, hängt
eine Frucht doch

in reiner, kühler Luft. Man pflückt
sie nicht. Sie schmeckt dir winters auf der Zunge.

6

Nicht mehr dabei: vor Augen,
dann näher, süß
ineinander blind, und stark
ein Rütteln, ganz im Schwarzen
den stummen Punkt behauptend,
als gingen, je mehr verstrickt, die Flügel
freier – dann fortgetan, nicht mehr dabei
und Nacht und Frühe und wieder Nacht –

7

was gewesen, aufstieg und kam
und ging, und blieb im Gehn, und beugte,
gab, nahm sich; leichter als Leichtes,
unaufgeschrieben

vermerkt doch, wachsend auch,
umkreisend ungeheißen, wie Wasser stets,
wie Blut in immer neuen Adern geht.

8

Man liest die Schrift, den Schreiber,
was ihn schrieb, wird selbst
gelesen. Sinn geht wie Wolken, Regen, Wachstum hin.
Es blüht. Wir danken.

Dank geht hin und bleibt
an seinem Ort, voll guten Willens.

9

in Gesichtern. Der Sockel zeigt sie, übermoost,
aus beiden Schalen drüber stürzt die Zeit;
und Tauben haben dort ihr Bad
und kurzen Fußpunkt.

In deinem auch; dem zugetanen
mir – über ganzer Lust:
dem unverscherzten Garten.

10

hier heißt die Zeit die Zeit
mit warmen Trauben, Feigen, einmal für immer
sommers, in Wiederkehr: wir sinds, es hat
der Augenblick ein Herz, aus Feuer.

Grignan aber, nach der Gestalt zu reden,
ist ein Nabel dieser Erde. Öl geht,
unaufhörliches, aus eines Heiligen Seite
anderswo, hier atmen Tag und Nacht.

11

berührbar, als wollten wir nur dies:
nicht uns durchdringend ganz
aufheben ineinander, Glut nur,
entdeckte, fortatmen Hand in Hand

nachthin ins Offne. Trennte
ein Schwert uns, trennt es mich doch nicht,
schärft nur, wie ungewußt ein Glied
erstarkt, aus mir das Wort.

Anderes nichts;
nicht Antwort, Lösung nicht,
in keinem reiferen Licht,
keinem reineren …

Alles Gesehene sieht.
Was geschehen, geschieht, einmal für immer
geht die zerstückte Verschreibung
falterleicht über Halme im Sommer.

Traum und Zuspruch

I

Du fällst. Wohin? Ein Garten, Stern an Stern;
von Küssen pocht der Rasen. Nacht ist süß
und frisch, sie mundet; Sterne setzt
in beide Hände dir die Nacht: du schwebst,
als im Gezweig ein Gast

von vielen Bäumen. Stark und leicht (»ihr Grünen, Lieben«)
in solcher Schwebe hält
dich tadellos ihr Mut, ihr Wort;
sie winken, rufen!

Entsunken dann, rings Haupt an Haupt;
mit kühler Zunge spielt in nassen Spiegeln
ein Hauch; wie schlägt das Laub sich auf!

2

Ich fange an. Ich lerne: Blatt um Blatt,
die Luft wie Freundschaft und Vertraun;
die jungen Lehrer.

Neidlose Tage, Leben
weit ausgefaltet, Welt, als wäre
zu atmen klug, zu hoffen auch, zu tun –

»Um wieviel klüger sind als du
die Andern, jeder, wenn sie tun.
Du hättest Augen, hast ein Herz doch. Habe
ein Auge auf sie, Herz; sieh, wie sie tun!«

Wie vor einem Gesicht

1

Ich griffs mit vollen Händen, schmiegsam
ein Überfluß; mit Fäusten, wo
in Locken, Ringeln
dicht es im Nacken, überm Ohr steht: Haar heißt
das, wenn du's nennst; ergriffen,
ists kindlich, Leben, namenlos.

2

Wie Dolden, Schirme, Überschattungen,
ein Dach. Gern schliefe die Welt darunter,
lieber ich. Das schreckt, verstößt uns,
daß dort in feuchten Höhlen die Seele haust,
gleich zweimal, links und rechts; nimmt sie
mein Bild doch unter dies Gefieder, geht mit ihm um.
Was sind wir dort, die Welt und ich?
eingeaugt, aufgeschluckt –

3

Und sprach in einen offenen Mund; als horche der
mit Atmen wie ein Duft, wie Feuer. Lange
sprach ich so, ich sah wohl nichts,
blieb nur im Sprechen, wenn auch lautlos längst schon
vor Glück: er möge nie sich schließen –
warf Kiesel, Münzen.
      Da sprach er wie im Schlaf.

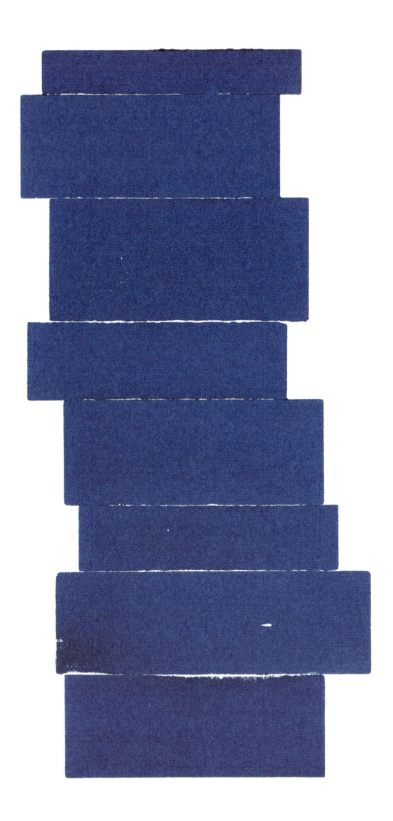

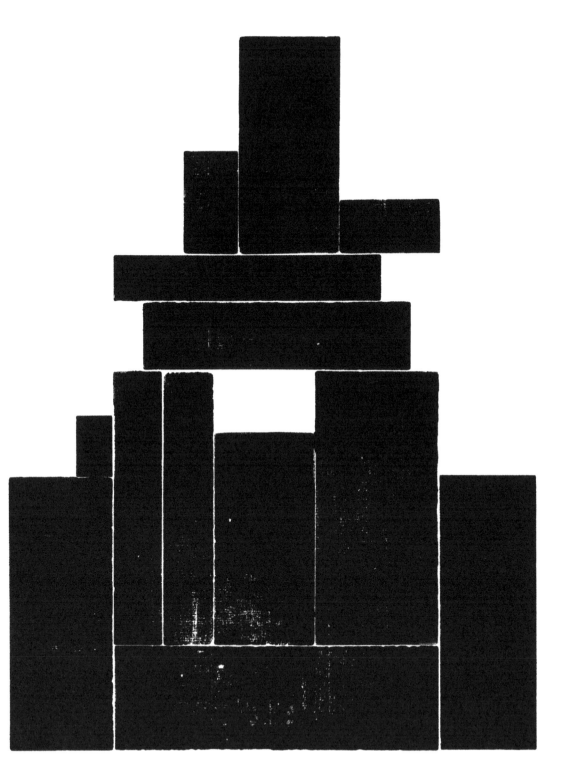

Vor Stuttgart
für Ludwig Greve

I

Hinaufgehalten hoch, hell ausgesetzt
ein Eck aus Glas, um einen Tisch da
beisammen,

wo starke Wolken gehn, und Winde
behaupten laut ihr Recht – ein Topf
voll Funken ist die Stadt bei Nacht; wir kennen
in Wendungen Ankunft und Abstieg,

wo wir auf Wegen zwischen Gärten gehn
in feuchter Luft, du sagst, es schlage ungekränkt
von dieser Welt ein Herz,
das anders nicht am Ende frei wird
als wortlos zwischen Frau und Kind.

2

Herz endlich des Mannes, aufgestanden,
umblickend aus solcher Höhe zwischen Sternen,
gering doch unter den anderen Menschen,
zu keinem Flug sich reckend, wenn bis an Berge
Inseln in Schwärmen zu erschaun weithin;
arglos das Nächste merkend:

3

Aufgeschlagenes Auge, ein Buch,
Puppe, reichlich in einer Schüssel Kerne,
Frühnachmittag, die hellste Stunde
vor einem ungeschriebenen Satz, indessen

ringsum die Ordnung die bleibt: daß nichts bleibt,
daß alles uns verläßt, ob schlimm ob gut.
Wir, die das sehen, nennen es gerecht.

Nacht und Morgen
für Ludwig Greve

I

Das kalt, das fassungslos sich ansagt
(Altern, der Tod), das jeden Blick vergällt
(und süßer nur gräbt Fleisch und tiefer
in blindes Fleisch sich ein), hier einmal
faßt es sich – ein Wissen nicht: Vertrauen.

Wie geisterhaft der volle Mond uns unbetreut läßt;
sein Schein bezeichnet
den Ort, wo Wand an Wand ich schlafen werde
mit dem Freund und den Kindern.

Dichtung ist diese Weile, wenn, das uns nicht meint,
in Farben tritt ein Wort; das uns nicht rettet,
aber es reinigt sich, als hätten
die Götter freudig
dem Glanze, seiner Macht entsagt.

Der Boden hier, um den das Herz kämpft, hier auch
bringt eine Blüte dann und wann, trägt
solche Frucht uns.

2

Weiter anderen Tages dann, wie unbeherrscht,
das Land, die Äcker, Gärten. Hart
die Quitte kennt im schwarzen Laub nicht,
was uns den Hals schnürt.

Daß so der Himmel
sich bei uns vergißt, das Jahr, es zaudert,
wie zwischen Zeilen viele Luft
des Bittens, Dankens, Bittens wieder –
viele Lust, die uns den Atem schnürt.

für Ludwig Greve

Nichts ging verloren, alles steht bevor,
wie Meer mit Worten kommt, Wind ins Gesicht
mit morgenweißem Glanz, dann schwarzen Fäusten.
Zeit heißt hier Ansprung, Zuspruch, Rand um Rand
vergeht, kein Fluch, wir trinkens auf, wir Mund
und Sand, wir Tod im Leben, im Licht,
in diesem Licht und Atem spurlos aufgehoben –
»Wir sind doch Götter«, sagt mein Mund zu dir
(und höre keines Menschen Widerspruch).

Drei Gedichte für Horst Antes

I

Mit großen Händen, Füßen Männer, einzeln
in gleicher Richtung oft,
doch Haber, Halter alle (so verkürzt)
und starr vor Ja; kein Hüteschwenken, aber
in Händen, mannsköpfig auch, den Vogel, ja,
und diesen freut – wenn, ganz ein Blitz, gekerbt,
weiß eine Puppe Fleisch uns niederfährt
mit Brüsten keinen diesmal, Armen, Haaren nur
wie Füße, blind vor Blick – die sanfte Kerbe.

(Uns bleibt, bei der zu schwören,
ein Finger, der an Händen, großen Füßen oft
dem Blauen, wenn du nachzählst, oder Grünen fehlt.)

2
Geburtsanzeige

»Tanzend, nicht anders, vielfüßig *ein* Tanz,
ein Wirbel, tritt die Geburt, das Neue
zwischen uns, erwachsen gleich. Wir staunen.
In gelben Bahnen, braunen, zerrt der Wind
das Jahr dem seichten Fluß, den Toten zu.
Du Mädchen, meine Freude, tanze,
schleife den weitesten Bogen,
wirf, eine Brücke, die Ufer wechselnd,
Hand bald und Blick zu, ihr zu und mir,« – »und versprich nichts,
es ist schon gehalten, mir schon und ihm!«

3
Weiblicher Janus

Flächen, und Vorgestemmtes: so gestückt, beruft sich
Die auf ein Wissen (eingesammelt
mit Augen, wie wir tun, Händen auch zwischen Schenkeln)
und überzeugt. Das Haupt verdeckt
– »dort ist mein Fenster, Lichtung Tag um Tag,
es atmet« –, abgedeckt das Haupt,
in dieser Richtung blind, in seiner
so das Knie: ein blinder Schritt, und der
an Stufen stößt. Geht sie? Wie angepflockt,
ein Tor. Der Schoß
vernarbt. Ein Ärmchen grünt.

In einer Ausstellung

1

Da sieh: der ganze Himmel, gelb zu sehn
und gelber, außer sich vor Licht; die Hand
schon fault, des Malers Hand seit langem, dieser Baum
brennt schön; du stirbst
in seinem Licht, du lebst. Das Auge trinkt Vergessen
des Wiedersehns.

2

Die Hand, seit langem – kein Wiedersehn,
mit keinem, nachher. Jetzt der Himmel steht
ein gelber Baum im Garten, den
man durch ein Fenster sieht, und andere
Besucher sehen andre Bilder, von Bonnard.
Kein Wiedersehen: wieder
und wieder dieser gelbe Himmel, hier; und keiner

kommt da hinein. Wozu auch? Himmel
heißt Unbetretbarkeit.
Die Kinder kommen, Kinder trinken,
die Kinder werden stark.

für Josua Reichert

So hingesprochen – in seinem Äther schläft
das Bild, du weckst es nicht.
Die Feuer aber, die du redend schürst,
zeichnen die Grenze heller zu ihm hin. Die gilt; gilt ganz
erst überschritten. Da entscheidet sichs:
dein Teil, dein Anteil, wenn das Bild erwacht und du
sprichst schief an ihm vorbei; schief auch (vermutlich)
sagt dennoch sich das Bild dir zu. So sprich nur hin –

… Fruchtlos bleibt,
ohne ein Zeichen, das wir brechen,
unvergoren die Lehre: da ist kein Leichnam,
nur, der kein Grab verschließt, der Stein.
Vergeblich kaust du Luft oder Kiesel; kälter,
wortloser fällt die Nacht. – Denk aber:
Morgen wäre, ein Garten,
der Auferstandene,
berührbar, und der berührt sein will,

deine Hand empfängt ihn, die sehende,
in seinem Fleisch.

»Eine kurze Weile warm, dann kalt« –
schön für einen Augenblick, lieblich
ein Staunen lang, hat nirgends Halt,
weilt nicht, Gerät verschieblich,
zerbrechlich, schon entzwei;
gewesen. Wie reimt sich dies?
Mit keinem Schrei.
Nur seufzerleicht, wie Kies an Kies
das Knirschen unter meinem Fuß;
ein Gruß der Erde.

Unbedeutend der Korb da, halb
angefüllt mit Kirschen; kein Zeichen,
für nichts. Unverzehrbar eine
Freude; hellrote Spieglein, kühl
ein sonnenwarmer Saft; wie schmeckt, behütet,
dies Ausgesetzte den Augen!
                      Du sollst,
sagt dies, was wir nicht sind, vergessen,
die Götter, die Orakel; herzhaft,
zu gehn, zu bleiben.
                    Abgenutzt zeigt,
sieh, über die Lehne geworfen, die Schürze
der Pflückerin den rohen Faden …

Schritt setzt um Schritt
auf Grund, den es selbst entwirft,
den Fuß das Gedicht, hat nichts,
nicht sich im Sinn,
sondern ein Schicksal; Fuß um Fuß
zählt es, vergißt zu zählen –
Nach langer Treue rührt an Gnaden oft
grifflos die Hand, nur ausgeworfen.

Drei Gedichte für Cornelia

1

»Weitester Ring: zu eng noch!
Keine Brücke? Ich habe Flügel.
Ich Mädchen bin der Geist auch,
im Staubkorn Ich die ganze Welt; die Tochter –
nicht eines Vaters nur: des nächsten, frischen Augenblicks.

Achtsam, dann wendend, Schleifen
beschreibend, vergänglich jede, aber der Knoten
bleibt; hier, in mir, sitzt er, um diese Angel
fächert Fenster um Fenster sich auf.«

2

Und Schuld, die kleine, einer Regung
des Unmuts nur, Tod bringend doch
dem blauen Liebling – diesen
durch dich dir angetanen Schmerz,
nimm ihn als Herz-Gewicht in alle Freude,
daß sie genauer gehe, freier
stets anzuzeigen und untrüglicher
die wahre Zeit.

3

Dicht, reich und reif gedrängte Sätze schmücken
Gewinden gleich den Tag, dies Tor, das dich entläßt.
Doch Worte, so feierlich, kann sein, sie wären Ketten.
Winke, seit je, geleiten flügelleicht
dich auf dem Wege, den du gehst, hingehst. Wir stehn
und winken;

winken Gelingen, freies, helles Herz.

Lesen

1

Bücher, gedrängt, einige lehnend; wie bunte
Ziegel, Brettchen; Mauern

aus Myriaden Flügeln; durchscheinend
jeder. – Arglos die Hand, das Auge; Dauer
strömt, an Zellen zurück verteilt

ältestes Gift sich,
zur Einsicht, Verblendung.

2

Kleinste Griffe, ein Heben, Verlagern
der Stimme, und Wissen versiegt, auf
steht

mit der ganzen Kraft von Etwas, von Diesem
Dieses, nah und als hätten wir es: unanwendbar.

3

Lettern: Asche; Staub
ein anderer Name für Glut;
Dürre, für Fruchtfleisch; ist

Name um Name, mit fester,
mit leisester Stimme, was? was denn?
um Name, mit keiner Stimme mehr, doch wie du greifst (du
laß ihn!), ein Halt.

Punkte, Pulse

I

»Alle das Neigen …« Wie rief dies
ein Boot her, schleifende Ruder, Gebüsch
um uns beide. »Neigung«, die will, und die
weiß; und die nicht weiß, und
– reglos ein Strecken.

Und Himmel, in Augen; als wären
Blicke ein Wehen, hin her, so
Glanz und umschattet, ein Atem; der stünde,
zöge, ein
Himmel.

Regung? – Nur daß ein Über-
neigen hinüber-
nahm irgendwo- nirgendwo-
hin.

—

Und eine Mauer; darunter entlang
gedankenlos; es sommert; überhangend, »geneigt«,
was lang zu reifen sich anschickt.
Und wird, ein Niederprasseln, Fäuste
mir füllen, morgen.

—

Die Hand: ein Strunk, Geflecht, ein
Fächer; flackernd; und wie erloschen. – Stetes Lernen
bedenkt, hebt ab – ein Gleiten über
sorglos unstet fort sich Beschriftendem und fort
in Schwebungen, merksam zerstreuten, Tag hin, mit ihm,
wenn der zur Neige geht, sich senkend.

———

Keine Neige. Du trinkst: kein
Boden! Dies:
        als warte da seit je hoch
hangend,
dir zuzustürzen, ganz ein Schwall,
Fels ab, Erfrischung
ringsum zerstäubend, vor-
sinnend, zu-
sagend in den offenen Mund dir.

———

So, unermüdlich, ein Kommen; staut
sich, versickert; nimmt,
läßt; Versprechen, keines, keine
Verheißungen; Biene um Biene nur
heimwärts, spät –

2

Die kleinen »aber« gehn rundum:
»du hättest können; solltest, wolltest; ja, ein Habe-,
ein Haltenichts, dir nichts und andern.« – Wie jedoch
»ein Näglein von Aurorens Busen«
aufs Heu mir täglich, ungeschlichtet, verquer?

—

Gehn die Runde, spitzhütig, zipfelmützig,
in Galoschen, die Wichte, Lastkarren
schleifen die, Hausrat, Unrat, Götzenbilder, wankende,
im Göpelgang; auftaumelnde, mit Kautschukfüßen
ihren Schultern angeleimt; im Aufwind
die Arme reckend, feixende.

—

Rastlos, ratlos, die »nicht«,
und »keinesfalls«, und »doch-vielleicht«; im Göpelgang.
Und tun wie Herren, schmaläugige;
und mahlen doch und keltern mir
wie Rind und Mähre, Magd und Knecht.

3

Das Schwarze. Da. Du stößt kein Loch
hinein, das, minder schwarz, Ausblick
erlaubte in Fernen, Stern an Stern,
statt Hieb um Hieb nur, die du kennst, die Glätte
zu schärfen dieses »Nein-und-Nichts«, nah, nächst,
wie schon ein Messer durch den Leib dir. Tinte,
die schneidet. Lack, der zustreicht. Spülicht.

»Steh«, sagt dies. »Steh. Geh
weiter, uneräugter je narbiger. Wand bin ich,
die Sprossen wäre, eine Schaukel,
Herz, Lunge, Luft ein und aus. Du fürchtest
dich? *Sei* die Furcht, wie Kiesel hart sind. – Nicht
als wäre Schrundigem dir ich, Schelferndem,
durchwatbar. Stockig, geronnen; schwarz.«

4

Verdrossenheiten, ein langer Zug,
nicht meine. Unterhaltsamkeiten, meine
nicht. Durchs Fenster
geht der Blick: die Straße,
Wind, Regen, ein Papier – ein »Als-tanze-es« ...

Dies da

I

Dies da; und sie sagen: »Es war einmal.«

Dies da; sagen: »Es welkt.«

Das da; sagen und sagen: »Ist nie gewesen, wird niemals
gewesen sein. Habt euch nicht so, ihr ohne Morgen, ohne
Enkel. Dasda, dasda – «

Dies, draußen; und
wären wir nicht, sie gingen
namenlos, weiß und
wären was sie sind, was sie waren,
die Wolken; gedankenlos, weltlos.

Bleibt was »im Innern getan« ist?
Es bleibt – bleibt nicht – bleibt – ein
klein wenig – gar nicht – es

2

Dies da, vor dir, es
altert, deines oder ein andres Gesicht, und
da haust schon, was anzusehen mir ein Herz
einsetzt, das hilflos versagt, sich
verweigert.

Dies da, draußen, neigt sich, wiegt
sich, weht, hat sich nicht, mich nicht
im Sinn, sichbar ein Aber – der Gräser
da draußen.

Herzlos, rettungslos; nichts
dauert. Was kümmerts mich. Ich
bestehe darauf: es schwankt, es lächelt im Licht,
hat sich; hat,
hier, alles Gewesensein immer schon hinter sich.

3

Sei uns Hingehenden
dies, wie es hingeht, Genüge. Nichts
senkt ihr hinab; nichts
ruht da. Andenken – wessen, an was?

Daß es uns hinnahm, einander zu
und schon hinüber, baute dies Haus uns, wir wohnen
wie zwischen Flügeln, wandernden, unbeirrbar;

4

rastlos, ratlos; doch weithin verlöschend
herzhaft gedankenvoll eine Spur. Wer
schritt da, prägte sie ein?
Der, den du erfunden hast, den du dir
erfindest, stündlich. – Wozu
mit Namen ihn nennen?

Gangarten

1

Halb nur hervor, Fuß um
halben Fuß
setzt, was zu sprechen
sich anschickt, ziellos, absichtslos, wem
zu Liebe?
       Es sucht sich zusammen, steht;
stelzt als auf knappem Sokkus eine Person. Nimmt
sich wichtig, tut sich hervor; schrumpft
schattenhaft; – um zuletzt, wer weiß,
eines Striches willen, den in den Staub
der lockerste Zipfel seines Gewandes
fehlerlos zeichnete.

2

Nichts hilft ihm, außer
daß er sich verläßt
auf, ihm zuvorgegeben,
Kleinigkeiten, ein Netz:
abgestürzt, watet in weiten
Maschen er sich frei.

3

Geht es? – Es geht, doch
schlotternd nur, unbeholfen
gehn sie schräg gegen das Licht
abwärts, kneifen
die Lider zu, ziehen
den Hut in die Stirn, als hätten
nur Abend, nur Nacht noch
ein Recht und das schleifende Bahrtuch im Osten.

Nichts besagt, ich will es, nichts
beweist das, solang die Zehen,
hüpfend, die Amsel noch spreizt.

4

Gangarten, und die sich
verändern, je nach dem Schmerz
sich verlagern (im Knie
oder Knöchel) und wären auf
Krücken, mit einer Prothese, mit
einem Stummel noch Schritte,
nachdenklich entzückt zu zählen wie Silben.

Hinfall, Aufschlag (das
mir!) – grifflos verquer, zerlogen. Welt
stößt zu. Schiebt weg: »Du zählst nicht.« – Welt
eilt herbei, hilft auf, trägt,
                      fordert:
»Eratme dich. Sei dir voraus. Erfinde, leiste
den unverblümten Rest.«

Heben wir denn, halten wir, sind wir
anders denn als halbverloren rasch Aufgefangene,
Aufgehobene in Armen der Freundschaft,
der Liebe?
        Dank Sagende,
als hätte Mühsal Flügel, wäre
Mißgeschick Geschenk.

Die ungeschriebenen Bücher

Die ungeschriebenen Bücher, sie geistern
lautlos, und doch ein Gemurmel, durch die Seiten
jedes aufgeschlagenen Buches vor mir.
als ginge da wer auf langen Korridoren von Tür
zu Türe, nur angelehnten, doch er tritt
durch keine ein, dorthin, wo zu zweien oder zu dritt
Leute sich aufhalten könnten und reden, reden
– nun ja, wir der Autor, der Leser
und einer, dem immer noch etwas einfällt, das
alles wieder ins Belanglose ausrinnen läßt, fast
als wäre dies die Hauptsache, daß nichts bleibt;
indessen draußen einer vorbeigeht, und schreibt
und schreibt, lautlos murmelnd, eines dieser
unwiderlegbar verläßlichen Bücher mit riesigen
Lettern ins Graue, ins Stumme für die Verstorbenen
von übermorgen.

Statt einer Widmung

Dir
dieser Vorklang
aus ferner Frühe

1

Kämen eilige Boten, freudige,
ich wüßte nicht, wie sie empfangen ... Im dunkelnden Tale
unmutig verschlossen steht grau die
Herberge der Engel: Muschelhüte und Stecken
liegen verstaubt, unfreundlichen Auges
starren die Fenster ins abendlich Trübe.

Silbern muteten doch die Sterne mich an;
unter fallenden Sternen gingen wir, landwärts,
meerentlang, stiegen auf Pfaden der Berge
ab zu umdufteten Spiegeln; und dann, in der Schenke:
rote Weine und goldene, grüne
Mandeln und die frischen Kerne der Hasel, oder,
einmal, die Austern der Bucht am
Rand der Straße bei wehendem Nachtlicht.

Unmut wohnt mir im Herzen; halb hält uns die Welt,
halb läßt sie uns fallen, das eigene Herz
will sich der Brust nicht gewöhnen und ist wie ein fremdes.
Küsse auch trösteten nicht und ein Lager zu zweien;
wie befremdete oft, was Liebe uns zublickt ...

Da aber nenn ich dich, Kind der unseligen Zeit,
geflüsterten Namens, vielleicht nur ein Bild,
das ich zu täglicher Übung erfand:
Aus dir trat, sichtbar, der uns alle umfängt, der
Kerker und wurde ein Hartes, daß du ihn merktest,
wurde ein Schützendes auch, dahinter du dauerst.

Eine unzerreißbare Stille
schweigt dich zurück in den Ursprung der eignen Erfahrung;
Mut wächst dir im Herzen und schenkt dir die Welt,
die du losläßt, in die Jugend der Hände
(manchmal verirrt eine sich dir in die Krone des Haars,
die zerstörte, und legt eine Strähne anders zurecht).

... Nennst du dich mir Kind der seligen Zeit,
sendest du Boten, starke, geflügelten Fußes
auf Pfaden des Feuers, ich will sie begrüßen
mit starken Namen und großen; Honig und Brot
steht dann in reinlichen Schüsseln zuhanden,
ein dankbares Licht steigt von den Höhen; offen
steht dann die Tür, die Fenster
warten die Straße entlang ...

2

Nur einmal noch möcht ich dich anschaun,
als hätte ich nie dich geschaut;
doch zu tief schon bist du dem Herzen,
zu schön meinen Blicken vertraut.

Und ich kann dich nicht abtun und lassen,
wie der Spiegel dein Bildnis entläßt,
ich muß dich ja halten und fassen
als ein Siegel ins Herz mir gepreßt.

Ach wärest du noch zu gewinnen,
eine halb mir verweigerte Hand;
doch schon bist du in mir und innen
wie mein eigenes Herz mir bekannt.

An den Ufern lichter Entfremdung
ward alle Nacht mir geraubt;
nur in dir ist die Welt, bin ich selbst noch
und beuge ein singendes Haupt.

Und neigt über seliger Frühe
mein Leben in seinen Verlust:
mein Herz ging verloren, nun schlägt es
in deiner erwachenden Brust.

Inhalt

Sequenz 5
Traum und Zuspruch 13
Vor einem Gesicht 15
Vor Stuttgart 27
Nacht und Morgen 29
Nichts ging verloren 31
Drei Gedichte für Horst Antes 33
In einer Ausstellung 37
So hingesprochen 39
Fruchtlos bleibt 40
»Eine kurze Weile warm, dann kalt« 41
Unbedeutend der Korb da 42
Schritt setzt vor Schritt 43
Drei Gedichte für Cornelia 45
Lesen 47
Punkte, Pulse 59
Dies da 63
Gangarten 67
Hinfall, Aufschlag 77
Die ungeschriebenen Bücher 79
Statt einer Widmung 80

Friedhelm Kemp wurde am 11. Dezember 1914 in Köln geboren. Er lebt in München, wo er als Schriftsteller und Übersetzer tätig ist. Unter anderem hat er Werke von Charles Baudelaire, Yves Bonnefoy, Louis-René des Forêts, Philippe Jaccottet, Marcel Jouhandeau, Pierre Jean Jouve, Charles Péguy, Saint-John Perse, Paul Valéry, Simone Weil, Logan Pearsall Smith übersetzt.
1989 erschienen im Hanser Verlag, München, der Essayband *… das Ohr, das spricht. Spaziergänge eines Lesers und Übersetzers* und 2002 im Wallstein Verlag, Göttingen, die beiden Bände der essayistischen Anthologie *Das europäische Sonett*.
Friedhelm Kemp ist seit den frühen sechziger Jahren mit Josua Reichert befreundet. Er ist Mitglied der Bayerischen Akademie der Schönen Künste.

Josua Reichert wurde 1937 in Stuttgart geboren und lebt in Haidholzen (Obb.). Er studierte 1959 bei HAP Grieshaber. Seit 1960 arbeitet er als Freier Drucker und Typograph. 1967 Preis der IV. Biennale São Paolo, 1968 auf der IV. documenta vertreten, 1979 Gastdozent an der Gerrit-Rietveld-Akademie in Amsterdam, 2003 Professorentitel, verliehen durch das Land Baden-Württemberg.
Mehrfache Zusammenarbeit mit Friedhelm Kemp: *Pietro della Valle, Reisebeschreibung in Persien und Indien*. Maximiliangesellschaft Hamburg, 1981. – *Johann Wolfgang Goethe, West-östlicher Divan. Das Ereignis einer Aneignung.* Darmstadt 1981. Vortrag anläßlich der Ausstellung »Leidenschaftliche Liebe«. – *Johann Wolfgang Goethe, Blick um Blick.* Homburg (Saar), 1991. Rede zur Übergabe der Goethe-Drucke von Josua Reichert an die Universitäts-Augenklinik.

© 2004 für diese Edition: Oreos Verlag GmbH
83666 Waakirchen-Krottenthal
© für die Gedichte: Friedhelm Kemp
© für die Typographien: Josua Reichert
Gesetzt aus der Perpetua
Druck und Einband: Ludwig Auer GmbH., Donauwörth
Printed in Germany · ISBN 3-923657-78-1